Sammelsurium

Texte,

für die nirgends sonst Platz war

Sammelsurium

Texte,

für die nirgends sonst Platz war

Christoph Kaiser

ІС
ХС

Und nicht vergessen:

Wem in Pandemiezeiten die
Atemschutzmaske 'auf die Eier geht',
der trägt sie zu tief.

Impressum

Jahr: 2020

ISBN: 9789403610351

Illustrationen: Christoph Kaiser

Covergestaltung: Christoph Kaiser

Verlagsportal: bookmundo.de

Gedruckt in Deutschland

Die Deutsche Nationalbibliothek verzeichnet diese Publikation in der Deutschen Nationalbibliografie.

3.verbesserte Auflage

Dank an Erla Blöcher und Olaus Faber!

Inhalt

Das Schwangerschaftspausenentgeltgesetz (SPE-Ges)

Zu den besten und überzeugendsten Argumenten dafür, dass Frauen für die exakt gleiche Arbeit nicht dasselbe Geld erhalten dürfen wie Männer, wird immer wieder die Gefahr herangezogen, dass Frauen schwanger werden können. Nun gehört die Warnung vor und die Beseitigung von Gefahren zu den zentralen Leistungen der Politik. Insofern ist es wunderbar zu erfahren, dass das System offenbar gut funktioniert. Die Feststellung und Benennung dieser Gefahr zeugt seitens derer, die sie benannt haben, sowohl von einer fundierten Kenntnis im Bereiche der Biologie als auch von einer feinen Beobachtungsgabe. Es ist herrlich, in einer wirklich sicheren Welt zu leben, in der solche Fachmänner (erstaunlicherweise finden sich in dieser Thematik sehr wenige Fachfrauen) sich um Begründungen für die wirklich wichtigen und bedrohlichen Gefahren kümmern. Da es ja nicht ratsam wäre, die Gefahr, also schwangere Frauen, generell auszumerzen, erhalten Frauen einfach weniger Geld, da das unkalkulierbare Risiko „Schwangerschaft“ ja fortwährend der hilflos ausgelieferten Gesellschaft droht.

Dem kleingeistigen Verstand mag es schwer erscheinen, die Gefahr in einer jeden Schwangerschaft sofort zu verstehen, aber das hier und jetzt zu erklären würde jeden Rahmen bei Weitem sprengen. Dass es aber so sein muss, erklärt sich schon von selbst daraus, dass kluge Männer ja ansonsten nicht zu der Erkenntnis hätten gelangen können, dass Frauen aufgrund dieser Gefahr logischerweise weniger Geld für gleiche Arbeit erhalten müssen. Also ist es als gesetzt zu betrachten und hiermit als feststehender Fakt postuliert, dass Schwangerschaft Gefahr bedeutet. [1]

So lobenswert die Gefahrenprävention auch immer ist, gibt es aber dennoch einen möglicherweise winzigen, aber doch wichtigen Fehler in der Argumentation. Der Autor dieses Textes hat keine Kosten und Mühen gescheut und in einer jahrzehntelangen selbst finanzierten Versuchsreihe den Beweis geführt, dass es immer wieder und teilweise sogar in nennenswerter gleichzeitiger Anzahl Frauen gibt, die zwischen ihrem 15. und ihrem 55. Geburtstag nicht durchgängig schwanger sind, sondern zeitweise echte Schwangerschaftspausen einlegen. Solche Pausen können durchaus länger als eine ganze Woche andauern. Wäre es denkbar, dass der Deutsche Bundestag daher ein dies berücksichtigendes Schwangerschaftspausenentgeltgesetz berät, das den Frauen wenigstens in den Wochen der Schwangerschaftspausen für dieselbe Arbeit dasselbe Geld wie den männlichen Kollegen zugestehen würde? Es wäre ein leichtes, das durch Fragebögen in analoger oder digitaler Form regelmäßig abzufragen und die bewusste Falschauskunft zu sanktionieren. Die klare Unterscheidung zwischen ‚schwanger' (gravide[2]) und ‚unschwanger' (ingravide) wäre ja leicht zu überprüfen und in ihrer Einfachheit auch Frauen im Gefahrenalter zweifellos durch

---

1 s. Carl Mauritz Frey von Dehrn vom Hoff und Marie-Joseph-Paul-Yves-Roch-Gilbert du Motier, Marquis de La Fayette: Pränatale Quasipericulose Narrative; S. 12345 ff.; Paris und Àlatête, 11. Juli - 26. August 1789, ISBN der deutschsprachigen Urausgabe: 9789403610351

2 Lat.: graviditas = Schwangerschaft

begabte männliche Erklärer vermittelbar, die zu Fachmännern für Schwangerschaft (FfS/Male Experts in Pregnancy, MEiP) ausgebildet werden müssten. Von der Heranziehung weiblicher Frauenärzte ist abzuraten, da sie sich selbst in einem Stadium der Nichtunschwangerheit (Noningravidität) befinden könnten und daher als möglicherweise befangen zu betrachten wären. Ein solches Gesetz wäre ja im Sinne der Gefahrenvermeidung schon alleine deshalb sinnvoll, weil es für die Sanktionierung der Herbeiführung einer allgemeinen Gefahr für die hilflose Allgemeinheit, die man in einer selbstbestimmten und mithin unkontrollierten Schwangerschaftstätigkeit unbelehrbarer Frauen offenkundig sehen muss, einen tatsächlichen Anreiz stellen würde. Bleibe unschwanger und bekomme mehr Geld! Der gewünschte und wahrhaft förderungswürdige Zustand genereller Unschwangerheit (Ingravidität) würde damit deutlich gefördert und die Frauen in ihrer eigenen und unbeeinflussten freien Willensbildung und Lebensplanung in die gewünschten gesellschaftlich gefahrlosen Bahnen gelenkt.

Angesichts der noch immer in aller Offenheit anzutreffenden völligen Unkenntnis der allgemein drohenden Gefahren, die gerade in Kreisen von unverantwortlich freidenkerischen Frauen anzutreffen ist, muss die Sensibilisierung möglichst bereits im Kindergartenalter in Angriff genommen werden. Die Unsitte selbstbestimmter Gravidität auf Kosten der Allgemeinheit muss ihr Ende finden, und dafür dürfen weder Kosten noch Mühen der informierten und informierenden Männerwelt gescheut werden. Das unentbehrliche Schwangerschaftspausenentgelt muss endlich auf den Weg gebracht und die FfS-Ausbildung unverzüglich begonnen und in der Bevölkerung verankert werden unter dem Schlachtruf:

Wenn Unschwangerheit im Herz dir klingt,
das Geld dir in die Kasse springt!

So würde auch endlich die bekanntermaßen rein männliche Domäne des logischen Denkens in Bezug auf Schwangerschaft ihren Weg in die Lebensrealität der Frau finden. Was könnte im Sinne der allgemeinen Gefahrenabwehr wünschenswerter sein?[3]

---

3 Dieser Text ist als streng wissenschaftlich zu betrachten, da der Verfasser Fußnoten setzt, wichtige Abkürzungen selbst konstruiert und neu einführt, Englisch kann, Literaturangaben macht, lange Sätze bildet und mittels lateinischer Fremdwörter fachmännisch unverständlich schreibt.

Ein offener Brief an meine Kirche

Liebe evangelische Kirche!

„Hätten wir uns Trends angepasst, wäre das dumm und peinlich gewesen. Wir haben die unbewusste Entscheidung getroffen, niemals trendy zu sein. Wenn du heute hipp bist, bist du per Definition irgendwann auch wieder out. Es gibt so viel innerhalb unserer Parameter zu erforschen, dass wir nie auf Trends achten mussten.[4]" Bei diesem Zitat aus einem Interview von Sebastian Berning von t-online.de mit Ian Gillan, dem Frontmann von Deep Purple, musste ich vor einigen Tagen so ganz unvermittelt an dich, die evangelische Kirche, denken. Ich wünschte, du würdest verstehen, wie recht Ian Gillan damit hat, auch wenn es nicht um Musik geht. Dieses Zitat fiel mir jetzt unmittelbar wieder ein, nachdem ich einen langen Artikel über hippe junge Pfarrer auf Skateboards gelesen hatte[5], in dem so unendlich wenig vorkam, was für mich etwas mit Christentum oder meinem Glauben zu tun hat. Alles ist von den beiden gut gemeint, wie immer in dir; du bist bemüht, alle überall abzuholen, aber du bist in meinen Augen deshalb selbst nirgendwo mehr anzutreffen. Du bist immer unterwegs, aber nie mehr bei dir selbst. Ich liebe dich immer noch schmerzlich, obwohl ich in deinen Mauern längst keine Heimat mehr habe. Denn zur Heimat gehört für mich

---

4 https://www.t-online.de/unterhaltung/musik/id_88323712/deep-purple-im-interview-wir-ruecken-dem-abgrund-immer-mehr-entgegen-.html

5 Pfarrer mit lila Haaren und Tattoos, Hinterländer Anzeiger, 27. August 2020

Vertrautheit, gehört Erwartbares, gehört Stabilität. Und nichts davon hast du mehr, willst du mehr, suchst du mehr. Die Kanzel? Veraltet, keine Predigt mehr „von oben herab". Ja, von woher kommt Predigt denn sonst? Vielleicht, wenn sie wirklich gut ist, doch sogar von ganz oben, aus dem Geist, für den sich der Himmel über der Taufe Christi öffnete?[6] Diskutieren die beiden jungen Pfarrer im Gottesdienst etwa über ihre Predigt, oder soll sie doch unwidersprochen stehen bleiben? Dann *ist* sie von oben herab, und wenn die beiden im Keller stünden und heraufriefen. In Ihrer modernen Betonkirche gibt es doch ohnehin keine Kanzel mehr, bestenfalls ein Rednerpult; und sogar das ist noch zu sehr „von oben herab"? Ich kann nicht aus meiner Haut: Ich freue mich über jeden Gottesdienst, in dem auch die Kanzel bestiegen wird.

Du bist heute moderne Organisation, ganz Kopf; und ich bin altmodischer Mensch mit Kopf und Herz. Du sollst Gott, deinen Herrn, lieben von ganzem Herzen, von ganzer Seele, von allen Kräften und von ganzem Gemüte und deinen Nächsten wie dich selbst.[7] Liebst du noch deinen Gott, meine Kirche? Wie sieht sie aus, diese Liebe zu diesem unbequemen Gott, der aus einem doch angeblich so veralteten Buch spricht, so unmoderne Worte sagt wie ‚Sünde', der undemokratisch verkündet „Ich bin der Herr, dein Gott"[8], der nicht abgewählt oder ersetzt werden kann, wenn er denn tatsächlich Herr der Welt ist und Schöpfer Himmels und der Erde? Und kein lieber Kumpel? Der sich selbst in der äußeren Gestalt seines Sohnes in den Opfertod am Kreuz gab, um alle,

---

6 Markus 1, 10 - 11

7 Lukas 10,27

8 2. Mose 20, 2

wirklich alle, zu erretten, weil er alle, wirklich alle, liebt?[9] Wie kannst du die Menschen lieben, wenn du Gott, diesen Gott, nicht zurück liebst, ihn nicht lieben kannst oder willst? Liebst du alle, auch die, die nicht deiner politischen Meinung sind? Warum schließt du dann Menschen vom Kirchentag aus, nur weil sie die ‚falsche' Partei wählen, statt mit AfD-Wählern offen zu sprechen, um sie weg von der AfD für die Freiheit des Denkens und die Gleichheit aller Menschen zurück zu gewinnen? Denkst du selbst noch frei?

Ist das Evangelium für dich Politik? Was machst du mit dem Christus, dem Sohn Gottes und wahren Gott, dem Richter am Ende der Zeiten, der nicht lieb ist und nicht nett, sondern ein König und Herr? Der das Schwert bringt und den Feigenbaum verdorren lässt?[10] Ich persönlich glaube nun einfach einmal noch immer an den einen Gott, den Vater, den Allmächtigen, den Schöpfer Himmels und der Erde, der sichtbaren und der unsichtbaren Welt. Und an den einen Herrn Jesus Christus, Gottes eingeborenen Sohn, unseren Herrn; aus dem Vater geboren vor aller Zeit: Gott von Gott, Licht vom Licht, wahrer Gott vom wahren Gott; gezeugt, nicht geschaffen, eines Wesens mit dem Vater; durch ihn ist alles geschaffen. Für uns Menschen und zu unserem Heil ist er nach meinem festen Glauben vom Himmel gekommen, hat Fleisch angenommen durch den Heiligen Geist von der Jungfrau Maria und ist Mensch geworden. Er wurde für uns gekreuzigt unter Pontius Pilatus, hat gelitten und ist begraben worden, ist am dritten Tage auferstanden gemäß der Schrift und aufgefahren in den Himmel. Er sitzt zur Rechten des Vaters und wird wiederkommen in Herrlichkeit, zu richten die Lebenden und die Toten; seiner Herrschaft wird kein Ende sein. Ich glaube

---

9 Johannes 3,16

10 Matthäus 10, 34 und 21, 18 – 22

nun einmal an den Heiligen Geist, der Herr ist und lebendig macht, der aus dem Vater[11] hervorgeht, der mit dem Vater angebetet und verherrlicht wird; der gesprochen hat durch die Propheten; und an die eine, heilige, allgemeine und apostolische Kirche. Ich bekenne die eine Taufe zur Vergebung der Sünden. Ich erwarte die Auferstehung der Toten und das Leben der kommenden Welt. Und ich werde mich niemals dafür schämen, dass ich all das glaube, entgegen aller Logik unserer modernen Welt.

Und deshalb werde ich wieder Gottesdienste verlassen, in denen ich erfundene Ersatzglaubensbekenntnisse mitsprechen soll, in denen kein Funke Christentum mehr ist, wie ich es verstehen kann, sondern das, was für heute vielleicht modern ist, aber morgen schon unmodern sein wird. Ich werde heimatlos in dir, obwohl du meine Heimat bist. Du klebst so sehr an dieser Welt, dass du so oft kein Geheimnis des Glaubens mehr trägst, weil du es selbst nicht mehr erträgst. Deine eigenen Traditionen sind dir so schwer geworden, dass du sie wegwirfst wie Müll, aber ich gehöre einfach zu denen, die ohne diese Traditionen heimatlos werden. Andere mögen Traditionen hassen oder für überholt halten, aber es gibt eben auch die wie mich. Für mich ist und bleibt der Dreieinige dreieinig, für mich bleibt er Er, der Herr; und damit endet für mich irgendwann einmal auch die grundlegendste und zermürbendste Diskussion um der Diskussion willen. Und ich werde mich dafür nicht schämen, auch nicht vor sehr progressiven Pfarrern und Pfarrerinnen.

Und das ist nicht alles hochtheologisch, sondern auch oft einfach sentimental: Für mich ist einfach gefühlsmäßig dann Weihnachten, wenn ich im Dunkel der Kirche stehend mit der

11 Hier stimme ich mit den orthodoxen Geschwistern überein, dass der Hl. Geist möglicherweise auch aus dem Sohn hervorgeht, dass man das aber erst ökumenisch beraten muss.

Gemeinde Gottes „O du fröhliche“ gesungen habe und nicht irgendetwas; für mich ist Ostern, wenn die Orgel in der Osternacht erst nach dem ersten stillen Teil im triumphierenden „Christ ist erstanden“ wieder erwacht, denn für mich ist es wahr, historisch, geglaubt, erfahren und gefühlt: Christus IST auferstanden, er ist wahrhaftig auferstanden! Keine Tradition, keine Folklore, sondern welttragende Wahrheit. Deshalb bin ich leer, wenn ich aus einem Ostergottesdienst gehe, in dem alles vorkam, nur nicht die Feier des Sieges über den Tod. Denn ist Christus nicht auferstanden, so ist unsere Predigt vergeblich, so ist auch unser Glaube vergeblich[12], trotz allen weltlichen Guttuns.

Ich werde wieder den Gottesdienst verlassen, wenn nicht aus dem Wort Gottes gelesen wird, sondern aus der angeblichen ‚Bibel‘ in ungerechter Sprache, in der was nicht ins moderne Denken passt, einfach künstlich passend gemacht wird. Ich werde weiterhin aufstehen, wenn das Wort Gottes verlesen wird, denn ich ehre es mehr als den Vorlesenden, denn es ist mir heilig. Ich werde weiterhin nicht mitturnen, wenn ich zu Kinderliedern tanzen soll, denn das ist mir im Hause Gottes fremd. Ich werde dort wieder zum Abendmahl gehen, wo es wieder die volle Liturgie umfasst, denn es ist mir heilig, Silbe für Silbe, Handlung für Handlung, Zeichen für Zeichen. Und ich werde mich freuen, wenn du all denen, die das alles anders empfinden, genauso Formen und Gelegenheiten bietest, in dir Heimat zu finden.

Können wir uns so einigen, dass du alles anbietest: Gottesdienste für die wie mich und solche für die Anderen, die andere Wurzeln haben oder entwickeln? Agapefeiern und vollliturgisches Abendmahl? Einen Sonntag dieses, am nächsten das andere? Verlässlich, angekündigt? Denn du

12 1. Kor. 15,14

wirst mich nicht völlig los, egal wie sehr du dich nach Modernität für das Zeitlose, den ewig Zeitlosen, sehnst und ich dabei vielleicht eher störe. Ich weiß, ich habe viel über mich geschrieben und viele, die mich kennen, werden sich wundern oder erbost sein, dass ausgerechnet ich offenkundiger Sünder so etwas schreibe, wobei sie vielleicht doch ein bisschen das eigene Sündersein vergessen, oder wie war das mit dem ersten Stein? Aber es brennt einfach in mir, und ich weiß, ich bin damit nicht alleine. Ich liebe dich doch trotz allem, meine Kirche. Und auch ich möchte wieder einen Platz finden und haben können in dir.

Dein Christoph

(Kurzer Nachsatz: Ich wünsche mir eine Kirche wie die Gemeinde hier in Biedenkopf, in der trotz mancher Unterschiede und manchen Spagats offene Diskussion und Zusammenarbeit in vielerlei Form möglich und Alltag ist.)

Judith

Joan Whitmore war begeistert. Von ihrem Fenster aus blickte sie direkt hinüber auf die andere Straßenseite auf die neue Statue. Eine mittelgroße Bronzestatue, über Nacht aufgetaucht, wie so viele Kunstwerke in den USA und weltweit in den letzten Jahren, von Banksy, von anderen Künstlerinnen und Künstlern, die oft namenlos blieben; und thematisch so neu; so wie in New York das Furchtlose Mädchen, das dem Bullen trotzt, die Nonne Francisca Xaviera Cabrini und die Medusa mit dem Kopf des Jason. Nicht bestellt, nicht genehmigt, von der Öffentlichkeit nicht bezahlt. Eine überlebensgroße Frau mit einem Schwert in der rechten, einem bärtigen Kopf in der linken Hand. Herausfordernd lächelnd sah sie die Menschen an, die ihre Blickachse kreuzten. Sie trug eine antike Toga, der Faltenwurf war überaus gelungen; wie nicht aus Metall, so schmiegte sich der fast transparent wirkende weiche Stoff um ihre weiblichen Körperformen. Wer sie berührte meinte sicher, Seide zu spüren. Die Haut wirkte wie lebend, als könne Blut durch sie strömen und als müsse sie warm sein, nicht kühl wie Bronze. Ein Sinnbild für die Frau an sich war sie in Joans Augen, für die befreite Frau, die sich gegen die Männer erhoben hatte und der Herrschaft der Bartträger den Kopf abgeschlagen hatte. Endlich. Endlich frei. Free at last, so schoss es Joan durch den Kopf.

Sie setzte sich vor ihrer Haustür auf der Veranda in die typische Südstaatenschaukel und sah über die Straße hinüber zu der jungen Frau auf dem Sockel, die den Kopf des Mannes nicht triumphal in die Höhe reckte, wie es wohl ein Mann getan hätte, der den Tod seines Feindes hätte hinausbrüllen müssen; nein, die Frau stand da, ruhig, würdevoll und unendlich überlegen. Und dennoch war der Männerkopf nicht zu übersehen. Der Sieg der Frau war endgültig und sprach für sich selbst. Joan genoss den Anblick. Die Aussicht von ihrer Veranda hatte sich über Nacht deutlich verbessert. Und das, obwohl es gerade Mai war und die umliegenden Gärten in prachtvollsten Farben erblühten. Wobei der prächigste, auch in den Augen aller Nachbarn, ihr eigener Garten war, in dem alles blühte, was die Alte und die Neue Welt an Schönheiten zu bieten hatte. Sogar gelbe Pfingstrosen aus England standen hier in einem inzwischen üppig wuchernden Busch. Sie waren Joans ganzer Stolz. Pfingstrosen waren selten in Walnut Grove/Mississippi.

Zufrieden schloss Joan die Augen und begann, in der ruhigen Auf- und Abbewegung ihres Schaukelstuhls durch die Zeit zu reisen. Sie dachte zurück an den großen Tag ihres Lebens, als sie, Joan Whitmore, in einer unzählbar großen Menschenmenge in Washington D.C. vor dem Lincoln Memorial gestanden hatte und einer eigentlich langweiligen abgelesenen Rede lauschte; langweilig bis zu dem Punkt, an dem der Redner sie sich gerade ausdachte, frei improvisierte, auch wenn niemand der Umstehenden das bemerkte. Genial war sie, diese Rede und unvergesslich. Es war der 28. August 1963 und der Redner war Dr. Martin Luther King, der es wagte, zu träumen. Und Joan träumte seit diesem Tag auch.

Sie träumte von der Befreiung aller Menschen, insbesondere der Frauen, der Schwarzen und der schwarzen Frauen. Sie selbst war zwar weiß, dem Äußeren nach, aber das hatte ihr im Leben nicht immer etwas genutzt. In den sechziger Jahren des 20. Jahrhunderts in Mississippi aufzuwachsen in einem Ort, in dem jeder wusste, dass ihr Großvater mütterlicherseits ein halber Schwarzer und ein Viertel Choctaw gewesen war, das hatte das Leben bitter gemacht. Die Menschen hatten Hautfarbe nicht als Äußerlichkeit angesehen, sondern als inneren Wert: Nicht die Farbe der Haut galt ihnen als „verdorben", sondern die Qualität des Blutes. Sie war ihren Nachbarn, und insbesondere ihren Nachbarinnen, nicht weiß und damit „rein" genug gewesen. Die anderen Kinder hatte man von ihr ferngehalten. Und als „Mischling" hatte sie zwischen allen Stühlen gesessen, ihr langes Leben lang. Den Weißen war sie nicht weiß genug und den Schwarzen nicht schwarz genug gewesen. Die einen wollten nicht, dass sie ihre „Unreinheit" auf die „wirklich weißen" Kinder übertrug, die anderen sahen in ihr nur die, die nicht schwarz war, sondern privilegiert. Nicht einmal die Schule war für sie ein sicherer Ort gewesen, denn die Weißen wollten sie eigentlich nicht auf einer der ihren dulden, die Schwarzen aber erst recht nicht auf einer rein schwarzen Schule. Denn so sehr die kleine Joan auch unter den Blicken und den Sprüchen und den Gedanken der weißen Nachbarn gelitten hatte: Optisch war sie weiß, und das machte das Leben so unendlich viel leichter, als eine dunkle Hautfarbe es machte. Selbst die Choctaw gingen ihr aus dem Weg, obwohl sie strenggenommen Stammesmitglied war, aber auch die Indianer hatten ihre eigene Geschichte. Die Stämme der Cherokee, Choctaw, Chickasaw, Seminolen und Muskogee hatten sich schon früh so sehr auf die Seite der Weißen gestellt, dass sie als Farmer sogar schwarze Sklaven gehalten hatten, wenn sie zu Vermögen gekommen waren. Die Weißen hatten sie deshalb als die Fünf Zivilisierten Nationen angesehen, was aber keinesfalls hieß, dass sie die

Indianer in irgendeiner Weise als gleichwertig angesehen hätten. In ihren Augen waren diese ehemaligen „Wilden“ nur auf einem guten Weg, nichts weniger als das, aber auch nichts mehr.

Und Joan war in ihrer Person die Mischung dieser komplizierten und nie auch nur ansatzweise aufgearbeiteten Gemengelage hier im Bundesstaat Mississippi. Sie war die Mischung, die 89 Jahre lange darunter gelitten hatte, die Mischung zu sein, und sie war es leid. So leid. So unendlich leid. Und nun stand da die Hoffnung, in Bronze gegossen. Gegenüber ihrer Veranda. Endlich.

Joan schloss genüsslich die Augen. Sie hatte die Rede von Pfarrer King damals auch so gut verstanden, weil King sie gespickt hatte mit Zitaten; aus der Bibel, von Shakespeare, von allem und jedem. King war ein gebildeter Mann gewesen und seine Reden voll mit Anspielungen auf andere Texte, weshalb sie vielleicht oft auch ein wenig langweilig geraten waren. Und Joan war immer schon eine gebildete Frau gewesen, und stolz darauf. Sie war stolz darauf, Anspielungen verstehen zu können, die eine klassische Bildung voraussetzten. So wie diese Statue.

Joan lächelte, als sie die Frau betrachtete. Eine Frau mit dem Kopf eines Mannes in der Hand, das war eine Frau aus der Bibel. Judith. Eine Frau, die in den Bibeln der Protestanten fehlte. Nur die Bibeln der Katholiken und orthodoxen enthielten noch dieses Buch, in dem eine freie Frau ihr Volk von einer Bedrohung befreite, indem sie den Feldherren der Feinde in eine weibliche Falle lockte und ihm in seinem eigenen Zelt den Kopf abschlug. Eine Heldin, der hier endlich einmal ein würdiges Denkmal gesetzt worden war. Endlich einmal eine Frau, die die Männer in die Bahnen gewiesen hatte und dafür mit weitgehender Vergessenheit gestraft worden war. Bis heute. Bis hier.

Ein solches Denkmal sollte man eigentlich ehren, schoss es ihr durch den Kopf. Ihr Blick wanderte durch ihren herrlichen Garten.

Die englischen Pfingstrosen. Ja, die sollten es sein. Die hatte Judith sich verdient damit, dass sie für die Rechte der Frauen und Unterdrückten gekämpft und gesiegt hatte. Entschlossen stand Joan auf, ging ins Haus und holte ein scharfes Messer. Sie schnitt einen ganzen Arm voll der schönsten Blüten, die schon offen aber noch nicht ganz geöffnet waren. Ein prüfender Blick, ob die Gabe der zu Ehrenden angemessen war; und mit festem Schritt und stolz erhobenem Haupt schritt die alte Dame in ihrem besten Kleid mit ihrem Sonntagshut über die Straße und näherte sich ehrfürchtig und stolz der wunderbaren Statue. Andächtig verharrte sie fast zwei Minuten und sah Judith fest in die Augen. ‚Ich danke dir!', dachte sie bei sich und sah sich um, wo die Blumen wohl am besten wirken würden. Dabei fiel ihr Blick auf ein Detail der Statue, das sie bisher gar nicht bemerkt hatte.

Am linken Fuß der Figur war noch etwas, das man von der Straße aus kaum erkennen konnte. Da lag eine runde Scheibe, wie ein großer Teller oder eine Servierschale. Und wenn man genau hinsah, dann hielt Judith das Schwert nicht fest in der Hand, sondern mit Daumen und Zeigefinger so, als ekele sie sich davor. Joan war verwirrt. Wieso stand Judith so merkwürdig da? Sie war so auffallend jung und sorglos in ihrem Gesichtsausdruck, dass...

Joan erstarrte. Fast wurde ihr schwarz vor Augen. Unfassbar. Sie kam sich so dumm vor mit ihren Pfingstrosen. Judith? Judith??? Nein, unfassbar, die Statue zeigte nicht Judith. Sie zeigte...

...Salome. Die unbedarfte dumme jugendliche Mörderin von Johannes dem Täufer. Die einen Heiligen mit einem Tanz dem Tod überantwortet hatte. Eine Verbrecherin.

Joan musste sich auf die Lehne der Parkbank stützen, die neben einer großen Magnolie stand und den Blick direkt auf diese furchtbare Figur zu richten ermöglichte. Unfassbar. Nur unfassbar. Wie konnte man nur eine Sitzmöglichkeit einrichten, um solchen frauenverachtenden Schmutz zu betrachten? Noch dazu war die Statue aus der Nähe betrachtet extrem hässlich. Der Faltenwurf war primitiv, das Gesicht unsagbar beleidigend für jede Frau, die Proportionen stimmten hinten und vorne nicht. Und dahin wollte sie allen Ernstes ihre wunderschönen gelben englischen Pfingstrosen legen? Sie konnte nicht ganz bei Trost gewesen sein. Und sie ärgerte sich über sich selbst. Ihre Bildung, ihre Kenntnis der Kunstgeschichte, Literatur und biblischen Geschichten, nichts hatte sie davor bewahrt, hier in die Falle zu tappen. Sie war betrogen worden. Hier wurde keine Heldin geehrt, sondern eine Frau, für die sich alle Frauen schämen sollten, schämen mussten. Dieses hässliche Denkmal war keine Darstellung des Sieges einer Frau, sondern eine Verhöhnung aller Frauen, die sich für das Gute einsetzten. Das Schandmal musste weg, Joan Whitmore war zum Kampf bereit. Wie konnte man nur so etwas hier aufstellen? War das überhaupt genehmigt worden? Konnte denn jetzt jeder hergehen und einfach hässliche sogenannte Kunst im öffentlichen Raum platzieren, wie es ihm gefiel? Das musste rückgängig gemacht werden, jetzt sofort. Wäre es eine Judith gewesen, dann ja, dann wäre es Kunst, aber eine Salome? Nein.

Joan sah noch einmal der Salome in die Augen. Sie hatte sich etwas gefangen und betrachtete die Figur doch noch einmal aus der Nähe. Sie ging langsam um die Figur herum und berührte sie sogar mit der linken Hand. Eigentlich war genau diese Statue das, was Walnut Grove so dringend gebraucht hätte. Kunst wie in New York. Etwas, das ein Hingucker war, an dem man sich hätte verabreden können. Etwas für auf Postkarten und auf die Homepage des Ortes im Internet. Ein Platz, an dem man sich im Sommer zu Lesungen und einem Basar hätte verabreden können. Aber zu Gast bei Salome?

„Warum nur bist du Salome? Warum nicht Judith?“, seufzte Joan, drehte sich um und ging entschlossenen Schrittes über die Straße nach Hause. Hier war ein Kampf zu kämpfen und sie würde ihn beginnen. Einen gerechten Kampf. Einen Kampf für die Frauen. Für die Gerechtigkeit. Für das, was gut war. Nicht alles durfte im öffentlichen Raum stehen, nein, nicht alles. Judith musste es sein. Judith. Nicht Salome.

Verstorbene Sterne

Ein Blick an den Sternenhimmel ist ein Blick in weite Vergangenheiten. Dort stehen so viele Sterne, die in diesem Moment aus der Nähe betrachtet alle nicht so aussehen, wie ich sie sehe, denn ihr Licht ist so unendlich viel älter als dieser Augenblick. Dort leuchten Sterne, die schon lange erloschen sind, aber der Blitz ihres Todes oder das langsame Verglimmen wird erst in einer ungewissen Zukunft bis zur Erde gelangen. Nur eines ist klar: Das, was ich dort sehe, ist so, wie es sich zeigt, nicht real. Und doch ist es da.

Vielleicht ist es auch so mit Menschen, Gedanken und Erinnerungen: Sie mögen schon längst nicht mehr körperlich da sein, aber solange sie noch Spuren hinterlassen, ist es egal, ob sie selbst noch existieren. Wer noch leuchtet, der muss nicht mehr real sein. Das Leuchten, das Wirken, das Bemerkt-werden schlägt die Bedeutung der Realität bei Weitem. Was ist schon das Reale? Was vermisst werden kann, das ist vielleicht realer als zu der Zeit, als es noch da war. Wer lange nach seinem Weggang an die Orte der Kindheit zurückkehrt und dort vermisst, was die, die dort ihr Leben lang geblieben sind, längst vergessen haben, der erweckt zu Leben und der gibt Bedeutung. Ein Kleidungsstück im Schrank, das noch nach der Oma riecht; eine alte Apfelsorte, die man seit Ewigkeiten nicht mehr geschmeckt hat; ein verlorenes und wieder gefundenes Bild aus anderen Tagen, glücklich oder nicht; all das erschafft Realität. Wahre Realität. Dauerhafte Realität.

Am offenen Fenster

Weit lehne ich mich aus dem Fenster, jeden Tag, sehr, sehr weit. Es ist kein eigentliches Fenster, nur ein übertragenes. Aber es trennt Welten

Hinter mir in einem engen begrenzten Zimmerchen, dessen abgestandene geistige Moderluft aus Bevormundung, Besserwisserei und Bestwissens ich nicht mehr ertrage, die Welt des Stotterneusprechs, des Gendersternchens mit dem Gendergap. Dort hängt man, äääāh, mensch oder mensch*in an alles, was irgendwie Sinn machen könnte, nach einer Stotterpause ‚innen' an. Lehrer*innen. Schüler*innen. Schriftsteller*innen. Klar, dass man ‚innen' anhängt. Es ist ja eine winzige abgeschottete Welt. Vom großen freien Außen weiß man dort nichts mehr. Alles ist innen. *innen. Für Menschen mit einem echten Problem, sich selbst zu definieren, hat man dort immerhin eine Sprechpause übrig. Und für alle, die dieses Problem nicht haben, nur Verachtung. Ich ertrage es nicht mehr. Ich muss raus. Von *innen nach außen. An die Luft. Und ich bin mir sicher, an dieselbe werden sie mich auch setzen. Irgendwann. Sobald sie können. Immerhin bin ich Lehrer. Innen und außen. Immer und überall. Und damit gefährlich. Ich könnte meine Schüler und Schülerinnen darin unterrichten, zu hinterfragen, langsam zu durchdenken, erst zu hören, dann zu pausieren, damit es sich setzen kann, dann eine zweite Meinung anzuhören und wieder langsam zu durchdenken und dann, irgendwann, zu einer freien selbstgetroffenen Entscheidung zu kommen. Ich bin gefährlich. Ich lehre Freiheit im Denken. Sagen viel meiner Schüler. Innen und außen. Immer. Und überall.

Selbst der alte Witz, wenn ich in einer Diskussion meinen Vornamen auf das Namensschild schreiben soll, damit ich nicht mehr mit „Herr Kaiser" angeredet werden kann, sondern statt mit dem männlichen ‚Herr' mit vollem angeblich geschlechtsneutralem Namen, was ich verabscheue, denn ich bin nun mal der Mann Herr Kaiser, aus Überzeugung und gerne, weil Mann oder Frau sein für mich nichts Schlimmes oder zu Überwindendes ist; der alte Witz also, mein Vorname sei ‚Herr' , weil meine Eltern so arm waren, dass es nicht für Vornamen für alle reichte, habe ich bereits um die Zweitpointe erweitert, dass wir so arm waren, dass wir uns alle in nur zwei Geschlechter aufgeteilt haben, für mehr war weder Zeit noch Geld da. Das hat mich noch unbeliebter gemacht bei denen, die alles ganz besonders gut meinen und noch besser wissen und in jeder Hinsicht am allerbesten sind. Bei den Gutmenschen, die darüber abstimmen dürfen, ob „Gutmensch" ein Jahresunwort sein darf, was es natürlich sein darf, denn sie selbst sind ja Gutmenschen und haben deshalb recht und nichts an dem, was sie tun, ist falsch oder widerspruchsberechtigt.

Ich habe kein Problem damit, mich zu definieren. Ich bin evangelischer Christ, Hesse, Mittelhesse; laut meinem Pass und von meiner Kultur her bin ich Deutscher, laut meinen Träumen Deutschmuttersprachler, der sein geliebtes Deutsch nicht gegen Genderneusprech tauschen wird; ich bin weiß, 50 Jahre alt und ein Mann. Ein alter weißer Mann. Nichts weiter. Keine Varianten. Und mit dem allem bin ich zufrieden. Es ist gut so. Ich bin der, der ich bin, und mehr oder Anderes will ich gar nicht sein. Und egal was die Anderen sagen: Nichts davon ist schlimm. Ich bin ein alter weißer Mann. Und das ist prima.

Und so stehe ich am weit offenen Fenster und warte, ob ich von innen herausgestoßen werden, fallen werde. Ich werde gerne fallen, denn ich bin mir sicher, dann das Opfer einer falschen Lehre geworden zu sein. Wer so schnell wie die Neusprechler und Allreformer alles wie eine Dampfwalze überrollt, wie eine Herde in der Stampede alles überrennt und ohne Diskussion versucht, alles, aber auch alles zu ändern, der will nicht, dass man nachdenkt; der will sich bei seinen Fehlern nicht erwischen lassen, bis aus Fehlern allgemeine Ansicht geworden ist. Der will das nicht, die will das nicht und dxier will das auch nicht. Aber ich will. Und ich werde. Ich werde mir das freie Denken nicht verbieten lassen, und nicht die freie Rede. Nie. Nirgends. Nicht innen, nicht außen. Erst recht nicht ganz tief innen, in meinem Herzen.

Ich beuge mich in Gedanken weit vor, hinaus aus dem Fenster. Ich breite die Arme aus und lasse mich umspielen vom Wind des freien Denkens. Noch kann ich mich halten. Wer weiß, wie lange noch? Ich schließe die Augen und bin gespannt. Und ich lächle. Werde ich gestoßen, bin ich draußen aus dem Mief, bin frei. Werde ich nicht gestoßen, siege ich, weil ich erduldet werden muss. Und das wäre fast so gut, wie wenn die Stotterer endlich anfingen, frei zu denken oder sogar ein bisschen tolerant zu sein. So oder so, ich kann nicht verlieren. Nur frei leben kann ich. Nur siegen. Innen und außen, immer. Überall. Ich, Herr Kaiser.

Vom Recht auf Wissen

Christians Blick ruhte auf dem Bildschirm vor sich. Gerade war ein neuer verschlüsselter Datensatz aufgegangen, wieder eine Krankmeldung. „Dann wollen wir mal!“, sagte er bedeutsam, verschränkte die Finger seiner Hände ineinander, um die Gelenke zu lockern und beugte sich vor. „Mal sehen, was es heute so alles gibt, am 23.10.2050.“ Er loggte sich ein und öffnete den Fall. „Ach du meine Güte, der Ärmste!“, stieß er hervor und sah nach links zu seinem Kollegen Frank, der sich auch um Fälle zu kümmern hatte. „Der hat eindeutig Krebs, sagt sein Chip. So ein Pech. Bauchspeicheldrüse. Nix zu machen. In zwei, drei Monaten ist der tot. Ich lege ihn mal auf Benachrichtigung für, na sagen wir mal, heute in acht Wochen. Dann kann er sich noch kurz verabschieden.“ Christian grinste den Älteren an. Mit seinen 19 Jahren war er der deutlich Jüngste im Team und galt aufgrund seines sportlichen Körpers und seiner braunen Haare mit Naturlocken und seinen fast unwirklich blauen Augen als der absolute Sunnyboy der ganzen Gesundheitsbehörde. Seitdem die Firmen Ämesen und Guhgl die Staaten der ehemaligen Europäischen Union übernommen hatten, wurde auch bei den Angestellten der Behörden auf das Aussehen geachtet.

Frank war schon länger dabei und hatte noch als einer der Letzten Beamtenstatus erhalten, als er mit 18 beim Gesundheitsamt angefangen hatte. Das sicherte ihm auch heute als inzwischen Angestelltem eine fast unkündbare Stellung, auch wenn er nicht den Anforderungen der neuen Eigentümer Europas entsprach. Er war deutlich zu dick für seine 49 Jahre und hatte schon viele graue Haare. Trotzdem konnte er seit Jahren nicht gekündigt werden. Sehr zum Ärger der Firmenzentrale durften die ehemaligen Beamten nämlich auch nicht aufgrund ihrer Vitaldaten, die seit der weltweiten Coronapandemie 2021 gesetzlich verpflichtend von jedem Bürger per Smartwatch, Fitnesstracker oder seit 2027, der Übernahme der Staaten der EU durch die Privatfirmen, von den vorgeschriebenen bei der Geburt implantierten Chips in der rechten Hand ununterbrochen erhoben und gespeichert wurden, entlassen werden. Während alle anderen Beschäftigten längst nachzuweisen hatten, dass sie nichts aßen, was nicht erlaubt war, sich regelmäßig sportlich betätigten und sich anhand ihrer automatisch erhobenen Blutwerte als gesund und damit zuverlässig ausweisen mussten, traf das für Frank nicht zu. Er aß deshalb noch weiterhin Fleisch, wann es ihm gefiel und so oft er es auf dem Schwarzmarkt bekommen konnte. Da ging zwar ein gut Teil seines Einkommens für drauf, aber das war es ihm wert. Sogar Bier trank er noch. In den letzten Jahren war es ihm sogar dreimal gelungen, an Wein zu kommen, zweimal an weißen und einmal, man sollte es nicht glauben, sogar an australischen Rotwein. Die Schmuggelpreise machten ihn zwar praktisch unbezahlbar, aber Frank hatte drei Monate auf das Glas gespart. Seine Chefin Elisa hatte im Moment des Geschmacks von Alkohol in seinem Mund eine Warnmeldung auf ihre Smartwatch bekommen, mit Namen des Täters und genauem Aufenthaltsort, aber sie war zu weit weg gewesen, um sofort hinzufahren und ihn zur Rede zu stellen. Elisa hatte ihn sich dafür sofort am nächsten Morgen vor allen Kollegen vorgeknöpft und ordentlich zu verstehen gegeben, dass die Messung von Alkohol in seinem Blut durch seinen Chip für jeden anderen ernste Konsequenzen gehabt hätte und dass er sich nicht zu sicher sein solle, dass die Gesetze nicht irgendwann den Firmeninteressen und damit den Interessen der Allgemeinheit angepasst werden würden. Elisas Augen hatten dabei ungut gefunkelt. Sie war gerade einmal 23 und schon Leiterin der Gesundheitsbehörde der Vereinigten Firmen von Europa. Sie war ehrgeizig, überzeugt von der Firmenideologie und zu jung, um sich noch an die Zeiten der Freiheit erinnern zu können. Für sie war es normal, dass ihre Smartwatch alles erfasste und ihren Standort millimetergenau meldete; dass nicht nur in ihrem Haus alle Räume mit dem Internet verbunden waren, sondern auch ihre Mietwagen jede ihrer Bewegungen registrierten und ihr namentlich zuordneten. Sie empfand es als wunderbar, dass in ihrer Uhr, in jedem Raum und in jedem Auto Alexandria mithörte und alles über sie wusste. Niemand hätte ihr erklären können, was der Vorteil oder der Nutzen einer unbeobachteten Privatsphäre hätte sein sollen. Sie kannte das noch aus irgendwelchen Erzählungen ihrer Kindheit, aber heute war es längst so, dass sie nicht mehr wusste, was sie kaufen sollte, denn das machten ihr Kühlschrank, ihr Kleiderschrank, ihr Schuhschrank und ihr Badezimmerschrank für sie. Ihre Eltern hatten noch gemeint, dass außer ihrem Hausarzt niemand sonst wissen sollte, welchen Blutdruck sie hatten. Aber Elisa war da moderner. Sie wollte gar nicht, dass ihre Krankenversicherung nicht wusste, wie oft sie im Fitnessstudio war und welche Übungen sie da wann machte, denn damit erhielt sie Bonuspunkte.

Elisa kannte das Wort „Autounfall" fast nur noch theoretisch. Die E-Autos fuhren vernetzt und das ging nur, wenn sie miteinander kommunizierten, also einander über jeden anderen informierten. Gestartet wurden sie per Fingerabdruck. Sie hätte es merkwürdig gefunden, wenn niemand gewusst hätte, wie schnell sie wo fuhr, denn das brachte ihr Bonuspunkte. Sie wollte unbedingt, dass alle Welt wusste, was sie einkaufte und dass das mit der gegenwärtigen Lehre vom derzeit gesunden Essen übereinstimmte, denn das brachte ihr Bonuspunkte. Sie legte Wert darauf, mit ihrem Fingerabdruck und ihrem Augenscan alle Türen öffnen zu können, denn das gab ihr ein Gefühl der Sicherheit. Sie empfand das alles als unfassbar bereichernd und absolut nützlich. Denn das war der Inhalt ihrer Religion.

Ämesen und Guhgl folgten den Regeln des Utilitarismus. Für sie bestimmte reiner Nutzen eine extrem simple Restethik, und die große Mehrheit der Bevölkerung sah das auch so. Die Zahl der Einbrüche tendierte gegen Null, wie die aller Straftaten. Mit den gesetzlich vorgeschriebenen Chips in der Hand war immer nachzuvollziehen, wann wer an welchem Tatort gewesen war; die allgegenwärtige Alexandria hatte alle Gespräche aufgezeichnet und jede Stimme sicher identifiziert. Mit den Chips unter der Haut hatte man die gesetzliche Verpflichtung, immer und überall eine Smartwatch zu tragen, abschaffen können. Die Chips lieferten mehr und bessere Daten. Jede Erregung, jeder Anstieg von Puls und Blutdruck waren jetzt für alle Zeiten sicher gespeichert und mit den GPS-Daten war jeder Täter sicher zu überführen, Sekunden nach der Tat. Flucht war sinnlos. Die Uhren hatte man noch ablegen können, die Chips nicht mehr. Die neueste Generation saß nicht mehr in der Hand, sie saß am Rückenmark. Man konnte fliehenden Tätern die Beine per Knopfdruck versagen lassen. Man konnte ihren Willen zur Flucht unterdrücken. Und obwohl Smartwatches nicht mehr verpflichtend waren, legte niemand sie ab. Man hätte sich verdächtig gemacht. Wer nicht zuließ, dass die Firmen alle

Möglichkeiten nutzten, die die Technik ihnen und damit der Allgemeinheit bot, der musste etwas zu verbergen haben. Der war gefährlich. War ein Feind. So jemand, so ein Nicht-Smartwatchträger, starb schon einmal unvorhergesehen. Es war ja besser für die Mehrheit.

Elisa sah auf den Bildschirm, auf dem zur Entspannung alte Filme liefen. Aus irgendeinem Grund hatte irgendwer gemeint, heute mal ‚Schindlers Liste' aus der Versenkung holen zu müssen. Gerade war zu sehen, wie Ben Kingsley als jüdischer Geschäftsführer ein Arbeitszeugnis fälschte. Er hatte soeben eine Tasse Tee darüber ausgeschüttet und das Papier zerknittert. „So was", meinte Elisa. „Das ist ja verrückt. So was würde es heute gar nicht mehr geben." Frank sah sie an, sagte aber nichts. Elisa schaute zurück. „Sehen Sie zu, dass Sie das alles bis heute Abend hinbekommen. Ich habe Sie im Auge!", raunzte sie und verschwand in den Nebenraum.

„Ja, da hat sie recht!", meinte Frank leise zu Christian. „Das würde es heute gar nicht mehr geben. Wenn du heute ein Dokument fälschst, dann kannst du dir den Tee sparen oder ihn genüsslich trinken. Den brauchst du nicht mehr. Nichts fälscht sich so sicher und unsichtbar wie Bits und Bytes. Was du da geschickt veränderst, das ist unsichtbar geändert. Ein Blatt Papier zeigt jede Veränderung gegenüber dem Urzustand, aber ein digitales Dokument? Als nächster Hitler würde ich Bücher verbieten und nur kostenloses Internet zur Verfügung stellen, in dem ich jeden Tag so viele Seiten umschreiben lasse, wie ich will. Nur keine Originale mehr, digitale Kopien reichen doch völlig, wenn ich das Volk betrügen und verdummen will! So wie in China." Christian starrte den Kollegen verständnislos an. „Bist du bescheuert?", blaffte er ihn an. „Es gab noch nie eine so sichere Welt wie die digitale! Und was soll das blöde Geschwätz von diesem Hitler! Da habe ich erst vorgestern einen Bericht gesehen, dass der nie gelebt hat, sondern eine pure Erfindung der Libristen ist. Läuft auf Kostenlose-Geschichte-fuer-alle.org, da kannst du es selbst nachschauen. Spinner!" Die Libristen, natürlich! Die Buchverteidiger, die Feinde der Gesellschaft! Frank zuckte zusammen. Menschen, die in ihren Häusern Bücher hüteten, um sie zu lesen, und die ihnen mehr vertrauten, als den offiziellen Informationen der Vereinigten Firmen von Europa im Neuen-Internet, das zentral mit Inhalten versorgt wurde. Private Homepages gab es nicht mehr. Noch waren die Libristen nicht als Terroristen gebranntmarkt, noch nicht verboten, aber es lag in der Luft. Der Besitz von Büchern würde demnächst als Recht gestrichen werden. So wie in Fahrenheit 451. Frank verstand, dass er eben nicht die Zukunft beschrieben hatte, sondern seine Gegenwart. Es brauchte keinen Hitler mehr; der wäre ja sterblich und damit gefährlich für das Weiterleben der Idee. Firmen überdauern da viel länger.

Frank konnte sich noch an die Zeiten erinnern, als man noch wählen konnte, ob man alles über sich mitteilen wollte. Als Gläsernsein noch eine freigewählte Option war. Heute war es längst verlangte und geforderte Bürgerpflicht. Seitdem das Bargeld verboten und abgeschafft worden war, war jede selbstbestimmte und unkontrollierte Lebensweise unmöglich geworden. Sein Fleisch und seinen Wein bezahlte er ja auch nur noch mit Naturalien, im Tauschhandel, weil der nicht nachvollziehbar war, wenn er außerhalb der Kameras geschah. Frank hatte Wein und Fleisch im Wald erhalten und bezahlt, in der Nacht, wie ein Drogendealer vergangener Zeiten. Er wusste, er war deshalb ein Krimineller, weil er nicht wollte, dass jeder alles über ihn wusste. Und das würde ihm irgendwann einmal das Genick brechen. Irgendwann. Zumindest in beruflicher Hinsicht.

Frank zitterte leicht. Wieso hatte er seinen blöden Mund nicht halten können? Er wusste doch, wie alleine er mit seinen Ansichten und Gedanken in der Jetztzeit war! Früher, als man allgemeine Überwachung noch allgemeine Überwachung nannte und nicht mit öffentlicher Sicherheit verwechselte, da hätte er noch Zustimmung gefunden. Aber heute? Christian hatte ein Leben in Freiheit und Selbstbestimmung nie wirklich kennengelernt. Er konnte es nicht ernsthaft vermissen. Franks Blick wanderte zu Christians Bildschirm hinüber. Darauf noch immer das Gesicht eines blassen jungen Mannes um die 20, der nur noch wenige Wochen zu leben hatte und nichts davon ahnte. Und nicht wusste, dass andere, der Staat, die Firmen, durch seinen Chip längst wussten, dass er sterben würde. Sie würden ihn sterben lassen.

Frank sah nachdenklich zu seinem Kollegen hinüber. „Sollte er es nicht doch wissen?“, fragte er, aber ein Blick in Christians Augen zeigte ihm, wie sehr sich ihr Denken unterschied. Er, Frank, war die alte Welt, Christian die neue. „Warum?“, fragte der junge Mann zurück. „Was würde es ihm bringen? Er stirbt und er verursacht der Allgemeinheit heute endlich viel weniger Kosten als früher, als er noch selbst bestimmt hätte, ob er sinnloserweise noch ins Krankenhaus geht und Ressourcen verschwendet, die ihm nichts mehr nützen werden. Das ist doch gut so! An seinem Tod würde alles nichts ändern.“ Frank versank für einen kurzen Moment im Schweigen. „Gibt es denn kein Recht auf Wissen?“ Christian verstand den Gedanken offensichtlich nicht. „Doch“, antwortete er, „das gibt es natürlich und wird doch auch angewandt. *Wir* wissen es doch. Und wir dürfen es doch wissen. *Wir*, die Firmen hinter uns und der Staat, der den Firmen gehört. Wir dürfen wissen und wissen es. Alles."

Frank schloss die Augen. Er dachte lieber nur noch leise. ‚Ich habe doch *ihn* gemeint. Ob *er* nicht das Recht hat, Bescheid zu wissen. So, wie es einmal war.' Aber laut sagte er das lieber nicht. Der Patient *würde* es ja erfahren. Irgendwann würde auch er es wissen, dass er sterbenskrank war; dann, wenn es für die Gesellschaft am billigsten und damit am nützlichsten wäre. Und für ihn endgültig zu spät. Frank schluckte tief. Es war besser, wenn niemand von seinen Gedanken wusste. Er konnte nur noch hoffen, dass er nicht im Schlaf redete. Sonst würde sein Schlafzimmer ihn verraten. Denn Alexandria wurde ja in jedes Zimmer eingebaut. Immer. Gesetzlich vorgeschrieben ohne Wahlfreiheit. Kostenlos. Zumindest dann angeblich kostenlos, wenn man den Preis für alles nur in Geld berechnete. Frank wusste, wie teuer alles in Wirklichkeit war. Er wusste es und er schwieg. Er wollte nützlich sein dürfen, um leben zu dürfen. Schweigen kann so nützlich sein.

Die Wünsch-dir-was-‚Bibel'

Sehet zu, dass euch niemand beraube durch die Philosophie und leeren Betrug, nach der Überlieferung der Menschen, nach den Grundsätzen der Welt und nicht nach Christus.

Kolosser 2,8

Jede Vergewaltigung ist ein verabscheuungswürdiges Verbrechen. Auch dann, wenn das Opfer kein Mensch ist, sondern ein Buch. Für mich aber fast so unerträglich wie die Vergewaltigung eines Kindes, einer Frau oder eines Mannes ist es, wenn das Vergewaltigungsopfer die Heilige Schrift ist. Dabei ist nicht jeder Angriff auf die Bibel gleich eine Vergewaltigung. Oft ist es auch einfach atheistische Überheblichkeit, so wie bei den eigentlich sehr klugen Büchern von Yuval Noah Harari. Solange er nicht über andere Religionen als die seine schreibt, ist er durchaus lesenswert. So stimme ich ihm absolut in seiner Gefahreneinschätzung bezüglich der Digitalisierung zu und bin ihm dankbar dafür, dass er sich so klar dazu positioniert wie wenige. Nur sein Hochmut jeder anderen Glaubenslehre gegenüber ist dann doch sehr störend, weil eines denkenden Menschen eigentlich unwürdig. Toleranz kennzeichnet nun einmal den wirklich denkenden Menschen.

Harari ist ein frommer Mann seiner Religion, womit ich ihn keinesfalls beleidigen will; denn für mich ist mein Glaube an Gott das Wichtigste und Beste an mir, und deshalb kann ich niemanden mit dem mir heiligsten und wertvollsten Begriff beleidigen wollen. Ich werte den Atheismus in meinen Augen auf, wenn ich ihm den Rang einer Religion zugestehe.

Harari glaubt fest an die Prämissen, die Dogmen seines Glaubens, des Atheismus. Er hält Gott tatsächlich für widerlegbar und widerlegt, für abgehakt und grundsätzlich erledigt. Das ist lustig. Wenn Harari sagt, dass es den Menschen seit 2 Millionen Jahren gibt, die heutigen Religionen aber erst seit 3000, dann stimmt das zwar eindeutig; aber er hält das für ein schlagkräftiges Argument gegen die Existenz Gottes, denn er verwechselt grundsätzlich Gott und Religion. Für ihn ist Gott eine Phantasiefigur, eine Erfindung. Das darf er gerne glauben, beweisen kann er es nicht. Denn wenn die Schöpfung verrät, dass es den Schöpfer gibt, dann gibt es Gott seit mindestens 14 Milliarden Jahren, nicht erst seit 2 Millionen.

Harari fällt auf seine eigenen Prämissen herein und frönt dem typisch atheistischen Zirkelschluss. Er verlangt von den Anhängern der anderen Religionen, dass sie die Existenz Gottes beweisen sollen, nein, müssen. Aber das stimmt ja nicht, denn der Beweis ist nur existenzielles Element von Hararis Glaube, dem Atheismus. Ich als Christ muss gar nichts beweisen. Ich kann die zahllosen Erweise der Existenz des liebenden Vaters unseres Herren Jesus Christus in meinem Leben nicht beweisen, das geht außer mir niemanden etwas an. Jeder darf das für Hirngespinste halten und mich für verrückt erklären, solange er mir nicht die Freiheit bestreitet, anderes zu glauben als er selbst und mich dafür nicht in die Psychiatrie oder ins Gefängnis wirft oder sofort tötet, wie die Atheisten der Sowjetunion oder im Faschismus.

Für Harari ist der Fall klar. Gott darf es ja nicht geben, also gibt es ihn auch nicht. Notfalls konstruiert Harari ein Gottesbild, an das tatsächlich kein Jude, Christ oder Moslem glauben kann, und schon beweist Harari, dass es diesen Gott nicht gibt. Da würde ich ihm absolut zustimmen. Gott ist nicht als alter Mann mit weißem Bart im Himmel existent. Aber das hat auch seit den Germanen niemand mehr behauptet. Der Ewige schleudert nun einmal keine Blitze und fährt nicht mit einem Wagen durch die Wolken. Er ist unnennbar, unbeschreiblich, weit über unser Universum erhaben und in allem unvorstellbar anders. Das kann Harari aber nicht als Gottesbild akzeptieren, denn dieser Gott, an den Christen, Juden und Muslime glauben, ist nicht naturwissenschaftlich untersuchbar. Harari kann nicht beweisen, dass es Gott nicht gibt, wenn der Ewige tatsächlich der Schöpfer des Universums ist und sich die Gesetze der Physik dieses Universums erdacht hat, denn dann unterliegt er ihnen nicht, so wie ein Töpfer nicht aus Ton ist und nicht im Ofen gebrannt wurde. Und Gott muss nicht lieb sein. Er darf tun, was Menschen für böse halten, wenn es zum wirklich Guten dient. Die Theodizee ist atheistisch. Nicht mehr. Gott darf alles. Er ist Gott.

Für Harari ist Gott geradezu verpflichtet, sich der Naturwissenschaft zu stellen, ohne dass er einen Grund dafür angeben könnte. Denn Naturwissenschaft, die nicht akzeptiert, dass sie nicht untersuchen kann, was nicht in einem festgelegten Versuchsaufbau beliebig oft reproduzierbar ist, wird selbst zum Glauben. Den Gott, den Hararari widerlegen könnte, den gibt es tatsächlich nicht. Für Harari existiert Gott, weil er verehrt wird. Ich verehre Gott, weil er existiert. Hararis Angriff auf die Heilige Schrift ist deshalb interessant, aber für mich unbedeutend.

Gott hat in meinen Augen natürlich die Welt nicht in sieben Tagen á 24 Stunden erschaffen und es gab auch keine Dinosaurier auf einer Arche Noah. Der wunderbare erste Schöpfungsbericht ist ja ein Loblied auf den Schöpfer, kein Tatsachenbericht. Wollte er biologisch richtige Tatsachen schildern, stünde auf dem Buch ja ‚Biobuch', nicht Bibel. In meinen Augen ist der erste Schöpfungsbericht nicht biologisch richtig, aber inhaltlich zutiefst wahr.

Er ist geschrieben in einer Sprache, die es wagt, sich von der modernen Ausdrucksweise zu unterscheiden. Er spricht in Bildern, in die moderne Menschen sich erst eindenken müssen. Was für eine Herausforderung, anders denken! Er kennt die heiligen Zahlen 3, 7, 8, 9, 12. Und er verwendet sie: Gott erschafft in 3 Blöcken in insgesamt 12 Taten das Universum; am ersten und vierten Tag, was einander entspricht (Licht und Himmelskörper), am zweiten und fünften Tag ebenso (Scheidung der Wasser durch das Firnament und Lebewesen am Himmel und im Wasser), und am dritten und sechsten je zwei Schöpfungswerke (das trockene Land und seine Pflanzen; Landlebewesen und den Menschen), dazu tut er am siebten Tag so viel, wie sonst an dreien: Er vollendet, ruht, segnet und heiligt seine Werke. Der siebte Tag ist also so gut wie sonst drei Tage. Jeweils vier Werke in drei Blöcken ergibt 12, drei Blöcke zu drei bzw. einmal einem Tag, der so gut ist wie drei andere ergeben die 9 und die 7. Und er vollbringt in zwei Blöcken jeweils vier echte Schöpfungswerke, hier ist die 8.

Der erste Schöpfungsbericht ist eher ein Psalm als eine Biologiestunde. Er verweist die Götzen der Heiden (Sonne, Mond, Sterne, Tiere) als Geschöpfe auf den ihnen zustehenden Platz und stellt damit klar, dass es nur einen einzigen Gott gibt. Und das ist für mich wahr, auch wenn die Biologie hier hintanstehen muss.

Schlimm wird es aber für mich, wenn die Heilige Schrift angeblich im Sinne des Glaubens entstellt und vergewaltigt wird, wie in der Pseudobibel in zutiefst ungerechter Sprache.

In dieses Buch soll alles hinein, was der Zeitgeist in Hirne blasen kann: Schon auf der zweiten Seite darf sie (!), Gott, nach der Vertreibung aus dem Paradies Adam und Eva (o nein, Entschuldigung, natürlich Chawwa) nicht in Kleider aus Tierhaut kleiden, denn dann hätte Gott ja selbst geschlachtet und die Nutzung der Tiere dem Menschen erlaubt, wie er ja kurz später bekräftigt, als er das Opfer des Hirten Abel annimmt, das des Ackerbauern Kain aber verwirft; nein, in der BigS lautet der Vers Genesis 3, 21 „Und die Heilige, also Gott, machte selbst für den Menschen als Mann und für seine Frau Gewänder für die Haut und bekleidete sie.“ Das ist eine gewaltsame Umschreibung gegen den hebräischen Text, denn hier steht :

וַיַּעַשׂ יְהוָה אֱלֹהִים לְאָדָם וּלְאִשְׁתּוֹ כָּתְנוֹת עו

וַיַּלְבִּשֵׁם׃

כָּתְנוֹת עֹור heißt eindeutig „Hautkleider“ und wurde weder von jüdischen noch von christlichen Exegeten jemals anders als mit Kleidern *aus Haut,* also einer Materialangabe, übersetzt. Das BigS-ische „Kleider für die Haut“ würde ein לְ , also ein „für“ vor עֹור benötigen, das hier im Hebräischen eindeutig nicht steht. Auch wenn es dem Zeitgeist widerspricht: Gott erlaubt schon im Sündenfall die Nutzung der Tiere durch den Menschen. Alles andere ist Verfälschung und willkürliche Umschreibung.

Ebenso wie die willkürliche Geschlechtsumwandlung, die hier bei Gott vorgenommen wird. Selbst, wenn im Judentum jemals eine weibliche Form Gottes vorstellbar gewesen wäre (ein Ostrakon aus Elephantine zeigt sogar „JHWH und seine Ashera"), so ist doch die Beseitigung Gottes des Vaters eines der Hauptanliegen der Pseudobibel, bis hin zur völligen Entstellung des Textes wie in Joh. 3, 16 ὥστε τὸν υἱὸν τὸν μονογενῆ ἔδωκεν, den Luther mit: „... dass er seinen eingeborenen Sohn gab, ..." , übersetzt, während die BigS daraus „... dass sie ihren Erwählten, ihr einzig geborenes Kind, ..." erfindet. Der Erwählte? Auf Griechisch nicht vorhanden.

Gott darf für den Zeitgeist alles sein, nur kein Vater, erst recht nicht in einem biologistischen Sinne. Dabei ist ὁ θεός eindeutig männlich, und nirgendwo in der Heiligen Schrift, weder im Hebräischen noch im Griechischen, wird Gott jemals anders als mit einem männlichen Namen oder Begriff angesprochen, wenn es das Wort sowohl in einer männlichen als auch einer weiblichen Form gibt, also z. B. ‚die Göttin' ἡ θεά. Auch Christus bezeugt in allen Texten der Heiligen Schrift Gott als den Vater. Im Vater Unser wird statt griechisch Πάτερ ἡμῶν ὁ ἐν τοῖς οὐρανοῖς , also: „Unser Vater, der in den Himmeln (ist)" in der BigS daraus:

„Du, Gott, bist uns Vater und Mutter im Himmel".

Das ist theologisch und grammatikalisch falsch, denn dort steht weder „du" (σύ) noch „bist" (εἶ).

Noch unfassbarer ist die Fehlübersetzung, wenn man bedenkt, dass Jesus mit Sicherheit eine menschliche Mutter hatte. Das einzig geborene Kind einer Göttin muss wohl eigentlich von ihr selbst ausgetragen worden sein, sonst wird hier in der Bibel bereits die Leihmutterschaft erfunden. υἱός,

Sohn (im Gegensatz zur eindeutigen υἷα, der Tochter) wird fröhlich und falsch als ‚Kind' übersetzt, so als stünde hier παῖς, ‚Kind', das für beide Geschlechter gebraucht werden kann. Die Übersetzung ist Fantasy, nicht Theologie.
Wo Luther in Markus 14, 61 „den Menschensohn" *(*τὸν υἱὸν τοῦ ἀνθρώπου) übersetzt, erfindet die BigS die wohl eher esoterische „himmlische Menschengestalt". Hauptsache, der Begriff ist weiblich, dann darf er auch eine Fehlübersetzung sein.

Dass die Sprache der ‚Bibel' in ‚gerechter' Sprache zutiefst sexistisch ist, verrät die Darstellung des Teufels. Während Gott nicht oft genug zur Göttin mutieren kann, bleibt der Teufel immer männlich. Hin und wieder ist er ersetzt durch die „teuflische Macht", wobei ja nur die Macht weiblich ist, aber niemals steht „Satan"…. „sie" wie bei Gott schon im ersten Vers. Merke: Das Böse ist immer männlich.

Auch der Anspruch, jüdisches Gedankengut wieder sichtbarer zu machen, misslingt in der BigS völlig. Theologisch wendet die sich völlig vom Christentum ab, indem sie die zentrale Botschaft der Gottessohnschaft Christi leugnet und aus ihm einen jüdischen Gelehrten macht, einen einfachen Erwählten Gottes. Zudem wird aber auch hier verfälscht, was missfällt. So erfindet die BigS ‚Pharisäerinnen', wie sie nur von Splittergruppen innerhalb des jüdischen Spektrums behauptet werden. Tatsächlich sind selbst die ‚Belegstellen' der Dichter*innen (und *außen) der Pseudobibel bestenfalls Belege *gegen* die Existenz von Pharisäerinnen, besonders zur Zeit Jesu. So führt Luise Schrotthoff[13], eine der

13https://www.bibel-in-gerechter-sprache.de/wp-content/uploads/Pharisaeerinnen.pdf

Mitüberträgerinnen der BigS, für die These von der Existenz weiblicher Pharisäer einen Belegtext an, der angeblich die Existenz weiblicher Religionslehrerinnen im 2. Jahrhundert nach Christus beweist.

אֵינָהּ מַסְפֶּקֶת לִשְׁתּוֹת עַד שֶׁפָּנֶיהָ מוֹרִיקוֹת וְעֵינֶיהָ בּוֹלְטוֹת וְהִיא מִתְמַלֵּאת גִּידִין, וְהֵם אוֹמְרִים הוֹצִיאוּהָ, שֶׁלֹּא תְטַמֵּא הָעֲזָרָה. אִם יֵשׁ לָהּ זְכוּת, הָיְתָה תוֹלָה לָהּ. יֵשׁ זְכוּת תּוֹלָה שָׁנָה אַחַת, יֵשׁ זְכוּת תּוֹלָה שְׁתֵּי שָׁנִים, יֵשׁ זְכוּת תּוֹלָה שָׁלֹשׁ שָׁנִים. מִכָּאן אוֹמֵר בֶּן עַזַּאי, חַיָּב אָדָם לְלַמֵּד אֶת בִּתּוֹ תוֹרָה, שֶׁאִם תִּשְׁתֶּה, תֵּדַע שֶׁהַזְּכוּת תּוֹלָה לָהּ. רַבִּי אֱלִיעֶזֶר אוֹמֵר, כָּל הַמְלַמֵּד אֶת בִּתּוֹ תוֹרָה, כְּאִלּוּ מְלַמְּדָהּ תִּפְלוּת. רַבִּי יְהוֹשֻׁעַ אוֹמֵר, רוֹצָה אִשָּׁה בְקַב וְתִפְלוּת מִתִּשְׁעָה קַבִּין וּפְרִישׁוּת. הוּא הָיָה אוֹמֵר, חָסִיד שׁוֹטֶה, וְרָשָׁע עָרוּם, וְאִשָּׁה פְרוּשָׁה, וּמַכּוֹת פְּרוּשִׁין, הֲרֵי אֵלּוּ מְכַלֵּי עוֹלָם

Das fragliche אִשָּׁה פְּרוּשָׁ an dieser Stelle wird allerdings von der Mehrheit der jüdischen Talmudgelehrten nicht als ‚pharisäische Frau' übersetzt, was übrigens auch nicht zwangsläufig auf eine Frau hinweisen würde, die selbst lehrt, sondern zunächst einmal auf eine Frau, die von ihrem Vater pharisäisch unterrichtet wurde, wie derselbe Text ja sogar anordnet:

חַיָּב אָדָם לְלַמֵּד אֶת בִּתּוֹ תוֹרָה ;

sondern vom ursprünglichen Bedeutungsinhalt von פְּרוּשִׁים ‚Abgesonderte' als ‚Spalterin', ‚Separatistin' übersetzt. [14]

---

14 https://www.sefaria.org/Mishnah_Sotah.3.4?lang=bi&with=all&lang2=en

Diese Stelle als Beleg anzuführen, muss also als merkwürdig angesehen werden, da dabei gerade die jüdische Sichtweise der Mehrheit der meisten heutigen Juden nicht berücksichtigt wird. Auch die von Frau Schrotthoff angeführte Berurjah ist gerade kein Beispiel für Pharisäerinnen, da auch von ihr nie berichtet wird, dass sie wie ein Mann die Thora öffentlich verlesen und im Gottesdienst ausgelegt habe, sondern nur in Situationen des alltäglichen Lebens. Sie war von ihrem Vater in der Thora unterwiesen und von ihrem Mann als Gesprächspartnerin ernstgenommen worden und fiel allgemein durch ihre große Klugheit und Scharfsinnigkeit auf, und das gilt sicher für viele kluge Jüdinnen. Deren Beachtung und die Überlieferung ihrer Sprüche und Lieder hat auch eine lange Tradition im Judentum, wie über die Richterin Deborah und die Prophetin Hulda und, im Neuen Testament, Hanna, Elisabeth und Maria, sowie die Liederdichterinnen Mirjam und Hannah, die Mutter Samuels. Aber der Begriff des Pharisäers umfasst eindeutig mehr, nämlich auch das Recht, in der Synagoge zu sprechen und den gelesenen Abschnitt aus der Thora auszulegen, was bis zum 19. Jahrhundert absolutes Vorrecht der Männer war und blieb. Bis heute spaltet die Frage, ob Frauen das Amt des Rabbiners ausüben dürfen die Juden in zwei große Gruppen, die Reformjuden und Liberalen einerseits und die Orthodoxen und Ultraorthodoxen andererseits. Berurjah selbst wies Jose ha-Gelili darauf hin, dass er mit einer Frau nicht zu viel sprechen solle. Sie hielt also alle Regeln selbst ein, die die Frauen sehr wohl den Männern unterordneten. Sie gilt im Talmud als einzige Frau als Gelehrte, aber eben in der Rolle einer Frau.

Die Überträger*innen (und *außen) der BigS interpretieren die Bibel ausschließlich in dem Sinne, in dem sie sie verstehen wollen, ganz bestrebt, sie notfalls gewaltsam und gegen die Texte zu modernisieren, so wie die Rabbinerinnen des Reformjudentums, die vom orthodoxen Zweig des Judentums in keiner Weise als jüdisch anerkannt werden. Schon alleine die einseitige Festlegung auf nur eine jüdische Seite mag zwar modern sein, sie hat aber mit echter Bemühung um den echten Text der Heiligen Schrift nichts zu tun.

Wie tief diese Spaltung innerhalb des Judentums ist, möchte ich kurz mit einer Geschichte aus meiner Jugend erklären. Im Sommer 1989 war ich mit meinem Geschichteleistungskurs in Prag und am Freitagabend, als alle anderen meiner Gruppe im U Flecků saßen, besuchte ich den Shabbatgottesdienst in der Altneuschul. Am Nachmittag hatte ich bereits den Friedhof besucht und war dabei mit einer älteren Dame ins Gespräch gekommen, die auf meine wenigen Brocken Tschechisch mit einem akzentfreien und sehr gebildeten Deutsch mit einem unüberhörbar jiddischen Akzent antwortete. Was ich dabei nicht bemerkte, war, dass offensichtlich der Gabbai der Synagoge, im Christentum würde man wohl Küster sagen, die Szene beobachtet hatte. Als ich jedenfalls abends nachfragte, ob ich als Deutscher und Christ am Freitagabendgottesdienst teilnehmen dürfe, antwortete er sehr freundlich und wies mir tatsächlich einen Sitzplatz an der Bema zu, dem großen Thoralesepodest in der Mitte der Altneuschul. Für einen 18jährigen Christ aus Deutschland eine ungeheure Ehre.

Plötzlich, kurz vor dem Beginn des Gottesdienstes, öffnete sich die Tür und eine große Gruppe amerikanischer Reformjuden strömte herein. Die Gruppe bestand zur Hälfte aus Frauen, die sich mit großer Selbstverständlichkeit auf die Bänke entlang der Wände der Altneuschul setzten, unter großem Protest der orthodoxen tschechischen

Gemeindemitglieder, allesamt Männer. Offenkundig waren die Reformjuden gewillt, an diesem Abend ungefragt und undiskutiert die jahrhundertealte Tradition des jüdischen Prags diktatorisch zu beenden.

Nach einer sehr langen und lebhaften Diskussion einigte man sich darauf, dass ausnahmsweise an diesem einen Abend einige Frauen im Gebetsraum bleiben dürften, aber nur sitzend und nur so viele, wie die Männer an Sitzplätzen freilassen würden. Die übrigen mussten vom Frauenraum aus dem Gottesdienst folgen, wie es in Prag Tradition war und, so weit ich weiß, noch heute ist. Ich wollte aus Höflichkeit aufstehen, um meinen Platz einem Juden anzubieten. Das sah der Gabbai, trat neben mich und drückte mich bestimmt aber ansonsten unbemerkt wieder auf meinen Stuhl. Ihm war es viel lieber, dass ein befreundeter deutscher Goj[15] an der Bema säße, als dass *eine* Reformjüdin *mehr* die Tradition verletzte und in seinen Augen verhöhnte.

Wer sich in einem so zentralen Konflikt von außen kommend auf nur eine Seite schlägt, um zwanghaft und militant ohne Recht auf Gegenrede zu modernisieren, der ist nicht nur nicht im Dialog mit *dem* Judentum, nein, er nimmt Juden auch in keiner Weise vollständig als Gesprächspartner ernst.

Zudem bleibe ich auch als gläubiger Christ dabei, dass ich das Neue Testament nicht zwangsweise nur mit jüdischen Augen lesen muss. Ich darf sagen, dass ich hoffe, dass die Juden im Christus Gottes den Messias erkennen werden, der der eingeborene Sohn des Vaters ist. Ich muss nicht zum messianischen Juden werden, nur weil das Judentum älter ist

15 Nichtjude

und Jesus bis zu seiner Auferstehung und Himmelfahrt Jude war und als Jude lebte. Ich darf die Gottesknechtslieder[16] auf Christus beziehen und darf meine Hoffnung auf den auferstandenen Herrn setzen, der im Jüngsten Gericht erscheinen wird, Gericht zu halten über Lebende und Tote, und dessen Herrschaft kein Ende sein wird.

Ich freue mich unbändig, mich hier völlig der Meinung der EKD anschließen zu können, die der BigS attestiert[17], dass die „Anstrengung durch die der Übersetzung zugrundeliegenden problematischen Grundsätze und Kriterien fehlgeleitet und so weithin um ihre Früchte gebracht wurde."

„Das Konzept der ‚Bibel in gerechter Sprache' wird mit dem Hinweis begründet, jede Übersetzung sei unweigerlich immer auch Interpretation. Dieser Hinweis vermag das bei ihrer Erarbeitung praktizierte Vorgehen jedoch nicht zu rechtfertigen. Denn er bezieht sich nicht auf jedwede Interpretation. Gemeint ist vielmehr diejenige Interpretation, die den Sinn dessen, was dasteht, klärt und verdeutlicht. Nicht gemeint ist dagegen eine Interpretation, die in den zu übersetzenden Text etwas hineinträgt, was einem Übersetzer oder einer Übersetzerin aufgrund ihrer eigenen Vorstellungen als wünschenswert erscheint." Dem kann ich nichts hinzufügen, es ist in meinen Augen schlichtweg wahr und richtig. Ebenso wie die Empfehlung: „Die ‚Bibel in gerechter Sprache' eignet sich nach ihrem Charakter und ihrer

---

16 Jesaja 42,1–4; 49,1–6; 50,4–9; 52,13.

17 Stellungsnahme des Rates der EKD zur "Bibel in gerechter Sprache" vom 30. und 31. März 2007

sprachlichen Gestalt generell nicht für die Verwendung im Gottesdienst."

Bitte, meine Kirche, bleibe dir treu und bei dieser Feststellung! Gib das Wort Gottes nicht der völligen Beliebigkeit und dem totalen Zeitgeist preis! Bewahre dir in der Lutherbibel eine ernstzunehmende Grundlage für den Dialog mit den Geschwistern der anderen Konfessionen, die diese freie Interpretion und Nacherzählung unter dem falschen Namen „Bibel" niemals als eine wahre Bibel anerkennen werden, denn sie durchschauen sie. In diesem Buch hat alles Eingang gefunden, wovon die Autor*innen (und *außen) sich wünschten, dass es darin stünde; den echten Text haben sie darüber völlig aus den Augen verloren. Eine Wünsch-dir-was-‚Bibel' ist es geworden, weit entfernt vom lebendigen Wort Gottes. Über Lutherbibel und Einheitsübersetzung kann man streiten; die ‚Bibel' in ‚gerechter' Sprache ist Grundlage für keine Diskussion, für keinen theologischen Disput. Sie ist anmaßend, falsch und ein inhaltlich neues Buch, das nicht mehr den Herrn der Kirche, sondern irgendwen verkündigt.

Bleibe dir treu, meine Kirche! Denn des Herrn Wort bleibt in Ewigkeit.

Weitere Bücher von Christoph Kaiser

Bauerntracht in Wandel und Beharrung; Über die Tracht im Untergericht des Breidenbacher Grundes
Diplomica-Verlag 2013 ISBN 9783958508095

Tracht als veränderliche Kleidung, beschrieben anhand der Trachten des Hessischen Hinterlandes, insbesondere der Tracht des Untergerichts des Breidenbacher Grundes. Landkreis Dabei ist nicht alles, was Marburg - Biedenkopf
Grin-Verlag 2008 ISBN 9783640188574

Dreimal ein Phönix, Erzählung: basierend auf dem Theaterstück zum dritten Stadtbrand Biedenkopfs 1717
ISBN 9789463864527

Die Herren von Schloss Katzenbach, Erzählung: basierend auf dem gleichnamigen Theaterstück.
ISBN 9789463866446

Der Umgang des öffentlich-rechtlichen Fernsehens in Deutschland mit esoterischen Inhalten. Studienarbeit
Grin-Verlag 1998 ISBN 9783640215522

Hinterländer Haiku: 30 Gedichte in je drei Zeilen.
ISBN 9789463982214

Hinterländer Winterhaiku; 32 Gedichte in je drei Zeilen über den Winter um Biedenkopf
ISBN 9789463980746

Frühlingshaiku aus dem Hinterland: 33 Haiku über die Landschaft rings um Biedenkopf, das Osterfest und das Erwachen des Lebens.
ISBN 9789463987455

Sommerliche Hinterlandhaiku
ISBN 9789403601076

Herbsthaiku aus dem hessischen Hinterland
ISBN 9789403609911

Der vierte König Bogomil; Eine Erzählung über den vierten König, der das Jesuskind suchte. ISBN 9789463982436

Bogomil the fourth king; A tale about the fourth king searching for the newborn child. According to an old Russian story.
ISBN 9789403610375

1631 Erzählung; Über den Tod der Biedenköpfer Hexe Henrich Sangen, nach der Originalakte ISBN 9789463982733

Werde ich ein Schmetterling sein? Maja und der Tod.
Wie redet man mit einem Kind über den Tod?
ISBN 9789463986076 (Taschenbuch)
ISBN 9789463984379 (gebunden)

Lass uns doch Suraten wommeln, umbimte das Saruppel; ein Sprachspiel und -spaßbuch für Kinder und Erwachsene
ISBN 9789403600864

Ein Zug durch Stadt und Wald; ein Buch zum Biedenköpfer Grenzgang und das M-Wort ISBN 9789403611853

Theaterstücke von Christoph Kaiser:

Die Herren von Schloss Katzenbach;
Ein Geisterstück, basierend auf Geister? Geister! Geister???
ISBN 9789463864213

Dreimal ein Phönix; Über den dritten Stadtbrand Biedenkopfs 1717 ISBN 9789463860246
mit den Bildern der Aufführung ISBN 9789463866422

Geister? Geister! Geister??? Ein Geisterstück über einen Schlosskauf ISBN 9789463860307

Die drei Schwerter; Eine Zeitreise in neun Szenen
ISBN 9789463860529

Einakter und Szenen aus Hessen; Kurze Theaterstücke meist aus dem hessischen Hinterland ISBN 9789463861892

Stille, in die Regen fällt; eine kurze Szene über das eigene Paradies. ISBN 9789463862745

Selavinia oder Zwei Orte, eine Zeit; ein Theaterstück über Gerechtigkeit und Unrecht, Reichtum und Armut; über die zeitgleichen Welten auf dem Planeten Erde; und über Beziehungen und verpasste Chancen. ISBN 9789403604138

1631; Ein Stück über den Prozess gegen die Biedenköpfer Hexe Henrich Sangen ISBN 9789463863018 und
ISBN 9789463987356 (mit Bildern aus dem Film)

Klamauk, Klamauk! Über das Theater, Kultur und das, was man sagen darf. Mit einem unveröffentlichten Einakter von August von Kotzebue.
ISBN 9789463980142

Alle Bücher erhältlich im Buchhandel und unter
publish.bookmundo.de/christophkaiser